Amazonas
Águas, Pássaros, Seres e Milagres

Thiago de Mello

Amazonas

Águas, Pássaros, Seres e Milagres

*Bordados de Antônia Diniz, Ângela,
Marilu, Martha e Sávia Dumont
sobre desenhos de Demóstenes*

© Amadeu Thiago de Mello

© 1998, ilustrações e Bordados de Antônia Diniz, Ângela,
Marilu, Martha e Sávia Dumont sobre desenhos de Demóstenes

Coordenação editorial
Pascoal Soto

Fotografias
Pedro Oswaldo Cruz

Projeto gráfico
Claudia Lopes Mendes

Impressão e acabamento
Forma Certa

Lote
770957

Cod
12106065

Dados Internacionais de Catalogação na Publicação (CIP)
(Câmara Brasileira do Livro, SP, Brasil)

Mello, Thiago de
    Amazonas: águas, pássaros, seres e milagres /
Thiago de Mello. – 2. ed. – São Paulo : Moderna, 2017.

    "Bordados de Antônio Diniz, Ângela, Marilu, Martha e Sávia Dumont
sobre desenhos de Demóstenes"

    1. Amazonas – Literatura infantojuvenil. I. Título

16-09017   CDD 028.5

Índices para catálogo sistemático:
1. Amazonas : Literatura infantil 028.5
2. Amazonas : Literatura infantojuvenil 028.5

ISBN 978-85-16-10606-5

Todos os direitos reservados

Editora Moderna Ltda.
Rua Padre Adelino, 758 – Belenzinho
São Paulo – SP – Brasil – CEP 03303-904
Ventas e Atendimento: Tel. (11) 2790-1300
www.modernaliteratura.com.br
2023
Impresso no Brasil

Apresentação

Ainda era inverno quando os bordados deste livro receberam os últimos alinhavos de suas criadoras. As agulhas, as linhas, os retalhos de pano e as mãos mágicas das bordadeiras acabavam de reinventar a palavra do poeta do Amazonas. A vida tecida em prosa e verso ganhava a sua tradução em fios de luz.

Quiseram os deuses da floresta que Thiago de Mello viesse a conhecer os bordados no primeiro e lindo dia da primavera de 1998. Carregados de telas de todos os tamanhos e cores, fomos ao seu encontro, no Rio de Janeiro. Thiago recebeu o trabalho em silêncio e lágrima:

— "Águas, pássaros, seres e milagres: está tudo aqui" — disse o poeta com a voz doce.

No silêncio de Thiago de Mello ouvimos o grito de sua esperança. Na lágrima, vimos a alegria de um homem que cisma em acreditar na possibilidade de um mundo sem mentira, sem opressão e livre.

Teriam os pássaros do Amazonas o poder de abrandar o coração do homem? Seriam as águas, talvez, as responsáveis por tamanho prodígio? Ou seriam os seres da floresta os agentes desse milagre?

Acreditamos que tudo isso inspira Thiago de Mello, mas não é tudo. O foco das preocupações de Thiago ainda é o ser humano.

Deixamos aqui um recado, extraído do livro *Os Estatutos do Homem*, sua obra-prima publicada em 1965:

Artigo III

Fica decretado que, a partir deste instante, haverá girassóis em todas as janelas, que os girassóis terão direito a abrir-se dentro da sombra; e que as janelas devem permanecer, o dia inteiro, abertas para o verde onde cresça a esperança.

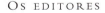

Os Editores

O começo

A meu lado, de pé na proa do barco, vento no peito, o menino olha silencioso a imensidão do rio. Acabamos de deixar a boca, cheia de garças, da floresta Paraná do Limão, que se abre no Amazonas, pertinho de Parintins. Pela margem direita, diviso distante o perfil da cidade na terra firme da ilha de Tupinambarana. Noto que o menino se volta para o lado oposto, olhar fixo no rio, cuja pele fulgura, coberta de escamas de prata. Por tanta que seja a luz, a vista não dá com outra margem. Num tom de quem duvida, o menino me pergunta:

— Tudo isso é água?

— Tudo, lhe respondo. Tudo é água.

— E embaixo dela?

— Água, mais água.

— Ela está indo para onde? Onde ela se acaba?

— Água de rio termina no mar.

— E onde acaba o mar, que é também água?

O começo

— É água, só que salgada. O rio deixa de ser doce e vira mar. Mas ninguém sabe onde termina o mar.

O menino permanece calado um bom tempo, o pensamento derramado no rastro de espumas que o barco grava e o vento vai apagando. Logo vem de pergunta nova:

— E onde a água começa? De onde é que o rio vem?

— Vou lhe contar.

Da altura extrema da cordilheira, onde as neves são eternas, a água se desprende e traça um risco trêmulo na face antiga da pedra: o Amazonas acaba de nascer. A cada instante, ele nasce.

Descende devagar, sinuosa luz, para crescer no chão. Varando verdes, inventa o seu caminho e se acrescenta. Águas subterrâneas afloram para abraçar-se com a água que desceu dos Andes. Do bojo das nuvens alvíssimas, tangidas pelo vento, desce a água celeste. Reunidas, elas avançam, multiplicadas em infinitos caminhos, banhando a imensa planície verde, cortada pela linha do Equador.

Planície que ocupa a vigésima parte deste lugar chamado Terra, onde moramos. Verde universo equatorial que abrange nove países da América Latina e que ocupa quase a metade do chão brasileiro. Aqui está a maior reserva mundial de água doce, ramificada em milhares de caminhos líquidos, mágico labirinto que de si mesmo se recria incessante, atravessando milhões de quilômetros quadrados de território verde.

É o Amazonas, a pátria da água.

Amazonas

Os nomes

Este é o rio que Vicente Pinzon olhou em 1500, sem saber que ele já havia abandonado o Atlântico e ingressava na foz de um oceano de águas doces, que chamou Santa Maria de la Mar Dulce. Era o Amazonas, varado pela quilha das caravelas primeiras, chamado de Paraná-açu pelos índios que habitavam as suas margens.

Foram muitos os seus nomes:

Mar Dulce,
o rio de Orellana,
Marañon,
o Guieni dos índios aruaques,
o Paranatinga,
o Paruaçu dos tupis,
San Francisco de Quito,
el rio de las Amazonas,
o Grande Rio das Amazonas,
até simplesmente Amazonas.

As Amazonas

Foi Frei Gaspar de Carvajal, cronista da viagem do espanhol Francisco Orellana, o primeiro a percorrer o curso inteiro destas águas. Em 1639, ele registrou a existência das lendárias índias guerreiras que deram o nome ao rio: as Amazonas. A narrativa de Carvajal é minuciosa. Conta que as índias eram "muito alvas e altas, com o cabelo muito comprido, entrançado e enrolado na cabeça". Eram muito membrudas, andando nuas em pelo. Valentes, boas de arco e de flecha, atacaram os bergantins do Orellana. Contou mais: "Que entre todas estas mulheres há uma senhora que domina, e tem todas as demais debaixo da sua mão e jurisdição, a qual senhora se chama Conhori".

A tribo de mulheres guerreiras vivia na Serra do Espelho da Lua, no Nhanmundá, afluente do Amazonas.

Na beira do Lago da Lua, cujas águas paradas estão recobertas de pequenas vitórias-régias em flor, converso com um caboclo de fala vagarosa, o antigo sangue indígena luzindo no olhar.

O começo

— Desde quando tu ouviste falar nas Amazonas?

— Desde quando sou gente. Eu digo que todo mundo já nasce sabendo delas, das Icamiabas, que é o nome delas mesmo.

— O que é que o povo daqui fala?

— Fala tudo o que elas foram, toda a verdade. Só eram índias fêmeas. Só no 25 de dezembro é que iam lá do outro lado, onde já é o Pará, e de lá traziam os índios. Só os que elas queriam, para fazer o desejo delas, que era só uma vez por ano.

— Os índios vinham forçados?

— Eu digo que só podiam vir achando bom. Quando voltavam, ainda traziam presentes delas, chamados *muiraquitãs*, feitos de pedra verde, que elas mesmas faziam com as mãos. Até hoje, de repente, a gente ainda encontra *muiraquitã* aí pelo chão que era o delas.

— E os filhos, quando nasciam?

— Se fosse filho macho elas entregavam pros pais; só criavam as indiazinhas fêmeas.

— Para onde é que essas índias foram?

— Para que direção eu digo que não sei, não. Mas que elas foram embora, eu digo que foram. Os brancos não mataram as guerreiras, não. Os homens tinham era muito pavor delas. Os índios, sei que eles foram lá pra cima, num lugar onde fica a primeira cachoeira grande do Nhanmundá.

Os números

Amazonas. De todos os rios do mundo é o mais extenso. São mais de seis mil quilômetros. É também o mais caudaloso, o de maior volume de água. É um rio que sabe por onde vai e donde vem. Vem do fio de água que desce do lago Lauri, Lauricocha, na cabeça dos Andes. Ele desce do Vilcanota e vai tomando corpo no Urubamba, um riozinho que canta de noite nas suas margens muradas pelas mãos dos incas. Águas de barro, ele ganha no Ucayali; logo se engrossa no longo Marañon, para abrir-se no caudal do Solimões, estendendo os incontáveis braços sinuosos pela selva peruana, mas já aprofundando a sua calha principal, para entrar no Brasil com o mesmo nome, entre as árvores que vai arrancando das margens ao fragor dos barrancos que se despencam.

O começo

Bem pertinho de Manaus, capital do estado que tem o mesmo nome do rio, é que ele passa a ser chamado Amazonas. A partir do lugar (dizem que ali a Iara aparece) onde se juntam as águas barrentas do Solimões com as brilhantes e pretas do Negro, é o chamado encontro das águas, que atrai turista do mundo inteiro para contemplar o mistério: as duas águas não se misturam, são como azeite e vinagre. Só que o Amazonas continua com a cor barrenta do Solimões, levando ímpetos e os rebojos do Negro.

— Por que não se misturam? — perguntei um dia ao sábio e querido caboclo Jari Botelho.

— Os dois rios não se misturam porque são muito orgulhosos já demais.

O estado do Amazonas, espaço geográfico da nossa crônica, faz parte da Amazônia brasileira, também chamada Amazônia legal, que abrange nove estados: Pará, Amazonas, Acre, Amapá, Rondônia, Roraima, Goiás, Mato Grosso e Maranhão.

Já a nossa Amazônia se inclui na Pan-Amazônia, que cobre de verde parte dos territórios da Bolívia, Peru, Equador, Colômbia, Venezuela e as Guianas.

São quase oito milhões de quilômetros quadrados de florestas e rios, com as suas borboletas, pirilampos, multidão de pássaros, milhares de peixes (estão classificadas mais de três mil espécies), orquídeas, cobras grandes e pequenas, coloridas e venenosas, bromélias rubras, árvores altíssimas centenárias, samambaias rasteirinhas, flores aquáticas lilases, campinas que cantam no vento, tudo recoberto pelo silêncio que desce das estrelas enormes.

Como um rio

Aqui lhe dou, meu bom leitor, a lição que aprendi do rio. Eu que mergulhei em suas águas pela primeira vez com poucos dias de nascido. Eu que com essas águas convivo amorosamente de tal maneira que elas viajam dentro de mim, quando a vida me leva para longe delas.

Ser capaz, como um rio
que leva sozinho
a canoa que se cansa
de servir de caminho
para a esperança.
E de lavar do límpido
a mágoa da mancha,
como o rio que leva
e lava.

Crescer para entregar
na distância calada
um poder de canção,
como o rio que decifra
o segredo do chão.

Como um rio.

O começo

Água, mais água

A lei do rio não cessa nunca de impor-se sobre a vida dos homens. É o império da água. Água que corre no furor da correnteza, água que leva, água que lava, água que arranca, água que roda no rebojo, água que vai baixando, ainda bem que começou a baixar, mas de repente volta em repiquete. Água de rio que quase não corre, um perigo quando vem o vento geral. O vento não avisa, vai chegando e fazendo dela o que bem quer. Água que se agarra ao vento para poder voar, água que gosta de ficar parada no silêncio do igapó.

Água de muita fundura, mais de cem braças de fundo, no silêncio do abismo se movem, lentas, as gigantescas piraíbas cegas.

Água de igarapé estreito, como o querido Pucu, com o encanto de suas curvas que me conhecem tanto. Pode vir a maior vazante, que ele nunca mostra o fundo do seu leito. Água rasa transparente, água rasa barrenta, onde as arraias de ferrão de fogo se espalham de manhã cedinho.

Água atravessada de capim, de margem a margem. De capim, canarana, de capim, perimembeca, fechando a passagem, na curva do Paraná. No Baixo Amazonas, chamam esse capinzal de banzeiro. No Negro e no Solimões, banzeiro é a batida das ondas no barranco, quando passa motor de linha, lancha veloz.

Água coberta de chavascal, de aninga de folhas grossonas. A gente caminha por cima da espessa vegetação entrelaçada, a gente chega e escuta embaixo dela o barulho dos peixes assustados.

Água de doenças: água de ameba, água de febre negra, febre que só dá em rio de água preta. Ela mata a criança em dois dias, mordida pelo veneno de um vegetal aquático, parente do *timbó*, usado pelos índios saterés quando saem de madrugada para surpreender a piracema dos tucunarés: o *timbó* adormece os peixes.

Água de cacimba, friazinha: no ardor úmido da mata, o olho-d'água se oferecendo, nunca para de minar. As águas medonhas das cachoeiras do Alto Aripuanã.

Amazonas

As chuvas

As águas barrentas do Solimões, do Madeira, do Juruá, do Purus. As águas azuis do Tocantins, as verdes do Tapajós. As águas negras (que amanhecem azuis e de repente ficam cor de cobre) do rio Andirá — o rio do meu coração.

As águas do Amazonas varando impetuosas o Estreito de Breves, no Pará, de onde saem se alargando, se espalhando desmedidas pela baía de Marajó. As suas ondas chegam a parecer de mar alto. O gaiola, de dois passadiços, motor de centro potente, balança que nem palmeira quando o vento vem. É ali que o rio convoca, orgulhoso, todas as suas energias para o encontro com o mar Atlântico e empurra as águas do oceano por distâncias quilométricas.

A água celeste tem lugar de importância na vida da floresta. Não é por outra coisa que os ingleses dizem *the rain forest*. Os cientistas falam da floresta tropical úmida. Pura verdade: é um lugar muito querido pela chuva, que chega quando quer. Às vezes, ela manda um recado pelas nuvens, outras vezes desaba de surpresa. É um elemento constante aqui na mata. Não apenas nos meses de inverno, quando a água celeste cai compacta, sem trégua, dias e dias. Chove sempre, mesmo no verão, que é o tempo da seca. Nos últimos anos deram de acontecer períodos prolongados de estiagem, sobretudo no solstício de verão, o calor esturricando o capinzal, o gado de costelas varando o couro. De repente, as grandes nuvens bojudas do céu equatorial se movem pesadas, escurecem e se dissolvem: desce a pancada d'água, o temporal do Amazonas, a ventania cantando. É a chuva preta, a água que desce do bojo do negrume.

O começo

Tem também a chuva branca. Um brilho fosco vibra no espaço, uma grande cortina alvacenta começa a tremer e lá vem ela vindo, vem chegando, porque a chuva branca não cai nem desaba. Ela chega, a gente ouve o barulho dela, como se ouve o ruído dos passos de uma pessoa. "Ela já está atravessando o rio", me avisa Otílio. "Daqui a pouquinho ela chega aqui em casa."

Chuva de verão não demora, passa logo. Só não se sabe é quando ela vai chegar. Não é mais como no meu tempo de ginasiano em Manaus: a gente sabia a hora certa da chegada da chuva. Muita gente marcava encontro assim: "Te vejo depois da chuva". Ou marcava a saída do barco: "O melhor é a gente largar antes da chuva". Hoje, o firmamento está muito mudado, tanto o homem anda se metendo com os seus inventos, querendo descobrir as verdades ocultas lá das alturas, atravessando a caminhada solene das galáxias com os seus satélites artificiais. Olhos abertos sobre a floresta, querendo lá de cima descobrir os seus segredos subterrâneos e medindo, é verdade, a extensão criminosa dos incêndios que as chuvas não apagam.

Os ventos

Os outros ventos do mundo que me não queiram mal (e olhe que tantos deles foram tão bons comigo), mas os ventos que mais amo são os que passeiam, e cantam, e dançam na verde imensidão da minha floresta. Não vou dizer que todos são meigos e que só gostam de fazer afagos. Nem que todos chegam cantando faceiros e te abraçam com delicadezas de pétalas. Mas gosto mesmo dos atrevidos, dos que sopram em rajadas rijas agitando as imensas asas invisíveis sobre a tua cabeça quando vais de canoa no meio do rio. Não digo que me sejam dos preferidos, mas respeito o caráter forte dos que chegam trazendo o temporal. Dos que vergam as árvores das margens e levantam a chuva pelos ares antes que ela chegue ao chão.

Eu poderia ficar um tempão contando para você das virtudes e poderes dos ventos meus amigos. Mas, como tenho outras novidades, todas me pedindo um lugarzinho na canoa deste livro, só vou dizer que o mais famoso dos ventos da floresta amazônica é o Vento Geral. Dei o nome dele a um livro que reúne vários trabalhos meus. Exatamente porque o chamado Geral não é um vento só, que chega forte já demais. Forte, às vezes até violento. Mas não é ventania, nem vendaval, nem vento de tempestade, que desce água das nuvens. Não.

Amazonas

Quem mora na floresta já sabe que há um instante do dia em que o vento desaparece completamente. O ar fica parado. O mormaço vibra no verde do chão. Nenhuma folha se move. Nem a pontinha da palma da inajazeira. Ou é perto do meio do dia, ou é na boca da noite.

Um dia perguntei ao Marcote, um menino meu amigo, que também virou vento e foi-se embora:

— Marcote, para onde é que o vento vai?

— Eu acho que ele vai para a casa dele, que fica lá em cima das nuvens. Mas às vezes ele demora a chegar, porque fica lá longe no rio, brincando de fazer banzeiro.

O meu amigo Tonzinho Saunier, caboclo de Parintins, considera carícia de vento mais doce que carícia de moça. Gosto não se discute. De mim digo que gosto muito da doçura, por exemplo, do vento que me afaga neste instante em que bem cuido destas palavras, deitado na minha rede branca da varanda, na beira do rio Andirá. Mas também digo que não se dispensa ternura de mão de moça. Muito especialmente de certa moça que amanheceu na tarde da minha vida.

São vários ventos chegando de bocas diferentes. De bocas de rios e de alturas atmosféricas, de várias direções. Parecem ventos doidos, ou brincalhões, dançando em cima das águas, empinando as ondas que se entrechocam, o rio cheio de carneirinhos brancos. Os vários ventos se encontram no meio do rio (eles preferem chegar na hora do entardecer), se abraçam, dizem adeus e vão embora, ninguém sabe para onde.

Os pássaros

Ninguém nunca vai conseguir contar o número de passarinhos da floresta amazônica. São simplesmente multidão, dos mais diversos tamanhos, cores e cantos. Por isso só vou dar notícia dos que vivem pertinho do meu rio e do meu coração, alguns do meu convívio caseiro.

O tucano

É de justiça que eu comece pelo Flor da Mata, nome do tucano que mora no quintal aqui de casa. De manhãzinha, quando acordo (ainda na cama, que se fez da altura do parapeito da larga janela, para que dela, mesmo deitado, a gente possa ver o rio), dou com ele me espiando do alto da goiabeira, seu lugar preferido.

Flor da Mata anda pelo quintal todo, aos pulos. Mas vez por outra surge no salão de visitas (é assim que aqui se chama sala de estar) e pula para cima da mesa. Ele é delicado, mas não gosta de intimidades. Impõe respeito. Ninguém implica com ele. Nem o Ambrósio, nosso bom companheiro, vira-lata bonito todo negro; nem o Clemente, o veadinho que Aparecida ganhou e já taludo ainda gosta de leite na mamadeira. Pelo contrário, se alguém se mete a enxerido, Flor da Mata avisa com o peito roliço dourado que não está de brincadeiras. A verdade é que ele é de boa índole, seu coraçãozinho se inclina para a paz.

Os pássaros

Arroz, manga, banana e melancia não lhe faltam. Gosta de tomar o seu banho no tanquezinho especial, bem raso e rente ao chão. Não gosta é de pipiras assanhadas, que lhe vêm pousar na borda da cuia de comer, pendurada num galho da goiabeira. Mas, se ele se afasta, não se importa que elas completem o banquete.

Quando eu o chamo, ele se volta, me olha demorado, mas não conversa comigo. Só para a Aparecida é que ele conta como vai de vida, quando ela o chama suave, entoando o seu nome com uma certa melodia que ele aprendeu a amar. A fala dele é cheia de *erres*, que se prolongam num crescendo agudo.

O sinal mais bonito de que Flor da Mata gosta mesmo aqui de casa é que nem se comove quando passa, por cima das altas mangueiras, um bando de seus irmãos cantando em alarido.

As corujas

Podem até ser um tanto tristonhas. Mas me fazem um inefável bem à alma os cantos dos pássaros noturnos da floresta. Dormem de dia, trabalham e cantam de noite. Elas enxergam no escuro. O mauari, espécie de garça cinzenta que só aparece quando a noite chega, enxerga o peixe comendo o capim na flor da água. O bacurau, pássaro pequeno, avermelhado e bom de garras, canta o próprio nome: só que repete várias vezes as duas primeiras sílabas até largar, compridamente, o nome completo.

Mas gosto muito mesmo é do canto das corujas que moram nas centenárias mangueiras e no pé de cupu do nosso quintal. São de várias espécies e tamanhos. Tem a coruja-preta, a buraqueira, o pequenino caburé, o próprio mocho, o corujão de olhos vermelhos, e a alvacenta suindara. Todas de poderosas garras. Os ratos e lagartos passam mal com elas.

Disse que o canto delas me faz bem à alma. Pois o meu corpo também lhes fica agradecido. Porque o canto das corujas acalenta o meu sono da madrugada. Cada qual canta na sua hora e na sua vez. Uma não se mete no canto da outra.

Mas, às vezes, tenho a impressão de que conversam. Já identifiquei o pio miudinho dos filhotes pedindo comida: uma perninha de calango, uma asa de mariposa. O canto mais agudo é o da suindara, que tem casa no cupuaçuzeiro e que estremece as ramagens com as suas asas grandonas.

Perdão, há um instante em que os cantos delas se confundem: é quando a noite vai se acabando. Elas cantam, aflitas, para se despedir das estrelas.

Assustador, pior ainda, agourento, é o canto da coruja que a gente aqui da mata chama de *rasga-mortalha*. É a única que canta voando, que canta a qualquer hora da noite ou do dia. Porque o seu canto é um aviso. É como o ruído de um pano que se rasga do alto a baixo: áspero, estridente. Quando ela passa cantando sobre o telhado da casa onde tem gente enferma, é aviso de que a morte está a caminho.

O beija-flor

A delicadeza do beija-flor e as proezas acrobáticas do seu voo enchem os olhos de quem ama o milagre da vida. O frontão da nossa casa, inventada pelo gênio de Lúcio Costa, é cheio de plantas e trepadeiras em flor. As prediletas do beija-flor são as do pariri, planta de folhas altas erguidas em lâminas, que dá flores rubras de grandes pétalas duras que lembram uma cabeça de pássaro adunco, e a lilás *viuvinha*, que sobe pelas colunas de itaúba, no fundo de cujo cálice o néctar espera o amor do passarinho feliz. Nem sempre ele é feliz. E quase todo dia tem beija-flor me dando motivo de aflição.

A frente da casa tem quatro portas e três janelas, que passam o dia todo abertas, para que o vento do rio entre por elas à vontade. Acontece que, com o vento, entra de vez em quando um beija-flor. O passarinho fica atordoado, varando o salão de lado a lado, querendo sair. Mas só tenta a saída pelas altas janelas, dez janelas, umas acima das outras, mas todas teladas. Ele se bate nas telas, se assusta, descansa um bocadinho nos caibros, entra pela biblioteca de frente devassada para o rio, voa rasante à minha cabeça, pousa no fio da linda luminária e não acha jeito de sair. Chamo a Aparecida, e a Joanice vem com um pano tentando agarrá-lo, mas o bichinho escapa, embora já dê sinais de fadiga; o peitinho dele chega a arfar. Ele não dá, ou custa muito a dar, com as portas e janelas escancaradas, por onde entrou. Mais de uma vez já pensei que a inteligência desses animaizinhos encantadores só é brilhante e sábia nos espaços livres da vida.

Os pássaros

O bem-te-vi

O bem-te-vi que me perdoe, mas há momentos matinais em que o seu canto chega a incomodar, repetindo com insistência que me viu, que me viu... São muitos, um repete a cantiga do outro. Mas tudo é perdoável, pela beleza do peito amarelo e a raja branca que lhe vai do bico, passa entre os olhos e atravessa a cabeça. É tremendamente machista: dá bicadas na fêmea em pleno voo, quando está louco por ela. Do que mais gosto nele é a valentia: investe furioso contra o gavião que lhe quer tirar os filhotes do ninho. Não espera o ataque. Sai ao encontro do rapineiro, que encolhe as garras.

A garça

Digo no singular, porque se tu vais de canoa num finzinho de tarde, rente à margem bordada de capim canarana, e de repente uma garça alvíssima levanta voo e atravessa maciamente lá para o outro lado do rio, rente à água, um tempão sem bater as asas, cortando com a sua alvura o vento do espaço — eu te garanto que tu paras de remar e ficas deslumbrado com essa coisa mágica e bela da vida da natureza que é um voo de garça solitária.

Agora, imagine um bando de garças voando em formação triangular. Uma na frente, duas atrás, crescendo em número até o fim da multidão que desliza pelo céu do entardecer. Vai o bando na direção da árvore onde gosta de dormir. Peixe pequenino é seu prato predileto. Mas não despreza uma rãzinha, nem gafanhotos. Garça gosta muito de ficar pousada no dorso de um touro, para livrá-lo dos ferrões dos carrapatos.

Numa tarde feita de silêncio, uma garça do rio Andirá me ensinou este poema:

Vento e verão, sol e silêncio,
sinto vontade de cantar.
Nuvens alvíssimas no tempo,
eu não mereço tanta paz.

Na transparência, a garça voa,
asa de luz quer me levar.
No meio fundo, uma canoa
vai contra o vento atravessar.

Quem vem na proa é uma criança
que não se cansa de remar.
Garça serena, uma esperança
brilha nas águas do Andirá.

Os pássaros

O gavião

Tenho, prefiro dizer que tive, um gavião que ficou meu amigo. É uma história que vai melhor em verso:

Tardei tardes prolongadas
para ter certeza
— pelo estremecer das asas brancas,
pelo brilho avermelhado do peito
e sobretudo pelo negro resplendor do seu bico —
de que era ele mesmo, o gavião.
Chegava de tardinha,
de começo desconfiado, olhando oblíquo,
e pousava, delicado como uma pomba,
no parapeito largo de itaúba,
e ali ficava me olhando,
a grossura das garras me assustando,
eu estirado na rede de tucum.
Demorava pouco, erguia voo,
sumia lá para as bandas do rio.
Um dia deu de me olhar diferente,
pulou para o punho de rede e me disse
que gostava de mim. Era um gavião
pinagé, de rapina, mas de boa índole.
Comia os frutos das inajazeiras,
castanhas-de-caju, tucumãs velhos.

De tanto se sentir aconchegado,
acabou se fazendo companheiro
— sem precisar impor seu bom respeito —
de japiins, pipiras, saracuras
e até, Deus o louve, dos tucanos.
Comiam juntos na maior concórdia.
Na Cordilheira dos Andes, olhando o voo
de aguiluchos, parentes do condor,
sentia saudades do amigo da floresta.
Uma tarde chegou, ficou me olhando
imóvel largo tempo, depois voou,
regressou, pousou no parapeito,
não soube me contar sua tristeza
que me doía tanto, e então se foi,
as asas lentas, desapareceu
no fim dos verdes. Nunca mais voltou.

O japiim

Passarinho todo preto, bico esverdeado, olhos de muitas cores, depende da luz do dia. Vive cantando. Só que não tem canto próprio. Canta o canto dos outros. Não arremeda. Imita com perfeição canto de tudo que é passarinho. Dizem que chega a imitar mugido de bezerro e esturro de onça. Perdão: Barbosa Rodrigues, nosso mais importante naturalista, autor da genial *Viagem Filosófica*, ensina que o japiim imita todas as vozes, cantos e apelos de todas as aves, porém jamais se atreve a imitar o tamuripará, buconídeo de catadura severa e bico vermelho.

Nunca vi um tamuripará. Mas o José Gori, um sábio meu amigo, me conta que é um bico--de-brasa que bica gente, come insetos, tem penas sem luz e gosta de viver sozinho.

A ariramba

Caboclo bom não padece de falsa modéstia. Digo contente que sou *ariramba*. É o nome de uma ave azulada, peito branco, bico comprido, célere de voo. Manhã de sol intenso, ela fica mais azul. Voa rasteira e faz ninho num buraco de barranco.

Quem nasce em Barreirinha, pátria minha, o povo da floresta chama de ariramba. Os de Manicoré, como o querido Coriolano Lindoso, são chamados de bacurau, pássaro noturno do qual já contei.

O uirapuru

Não, não é o pássaro maior do mundo. Nem o mais lindo. Nem sonha em ser condor, soberano dos Andes. Nem chega perto da formosura do quetzal mexicano. Só não digo que o nosso maravilhoso uirapuru até que é um tantinho feioso, porque para mim todo pássaro é bonito. As corujas sabem que estou falando a verdade. Até mesmo o urubu, que no chão é puro desengonço, se desforra quando vai para o céu: a beleza do seu voo é tecida de inteligência e elegância.

O uirapuru é pequenino, verde escurecido em castanho, fronte avermelhada. Parece um pardal. O que o distingue de todos os pássaros da floresta é que ele tem o canto encantado. Ele encanta com o seu canto. Enfeitiça com a doçura da sua voz, o prodígio do seu canto. Custa muito a aparecer. Aliás, não aparece. Ninguém dá com ele.

Os pássaros

A gente mal a mal percebe de que direção vem vindo o seu canto.

Toda a floresta silencia quando ele começa a cantar, com um longo trinado agudo de uma só nota musical. Os outros passarinhos logo ficam silenciosos e seduzidos voam, alguns atravessam o lago (que é onde o uirapuru gosta de viver, pertinho de lago sereno) só para ouvir de mais pertinho o pássaro encantador. Dizem que as antas, os veados, as capivaras e mesmo as onças grandonas, toda a floresta para, tocada pela magia do canto. Contam que até o vento se abranda, as águas deslizam devagar.

Só ouvi o uirapuru uma vez. Foi no Lago do Marcelo, dentro do Cachinauá, no Paraná-Mirim-da-Eva. Lago dos imensos. Ia de canoa, com o Jari Botelho e o Antônio do Josias, atrás de umas bromélias, quando de repente foi aquele trinado subindo na selva.

— É o uirapuru — exaltou-se Antônio.

O silêncio sonoro da floresta perdeu a voz. Vi os passarinhos voando em bandos ligeiros na direção de um coqueiro de macaco. O passarinho cantou bem uns quinze minutos.

Ainda espero ouvi-lo de novo. O povo da floresta, que sabe o que diz, acha que o uirapuru é o pássaro da felicidade. Basta ouvi-lo uma vez, a aventura da vida está garantida. O canto dele vale por lâmpadas em qualquer réstia de escuridão. Não ando precisando de uirapuru: sou um homem insuportavelmente feliz. Mas gostaria de sentir de novo todo o meu ser comovido, perturbadamente encantado pelo dom mágico do nosso passarinho.

Convém saber que, no idioma tupi-guarani, *uira* quer dizer ave e *pura* serve para significar um poder mágico. Os índios chamam as coisas pelo que elas são.

Os peixes

A pele da água é o caminho do homem no Amazonas. Mas a sua carne líquida é a residência dos peixes. Os homens de ciência já sabem que o número de espécies desses vertebrados aquáticos passa das duas mil. Mas nem todas as espécies são conhecidas. São peixes de escama, peixes de pele, peixes de couro encardido, tem até peixe-pedra. Está aí o acari-bodó, peixe antediluviano, para não me deixar mentir. (O acari-bodó ovado é prato soberbo, cada ovo do tamanho do caviar graúdo.) Alguns crescem destamanhados, tem pirarucu de mais de três metros. O meu companheiro Rubi já pescou um que tinha quase cem quilos só de carne bruta.

Outros nasceram para ficar pequenos. O pacu nunca passa de um palmo. Falo do pacu do Amazonas. O do Araguaia passa de dois, só tem que muda de gosto. O miudinho candiru, de corpo roliço, não tira pedaço, mas gosta de penetrar pelos orifícios do corpo humano. Chega a se agasalhar lá por dentro, abrir as nadadeiras, é um custo e dói muito para sair.

Peixe que come fruta, o tambaqui gosta muito é de socoró, uma frutinha arroxeada de beira de igapó. Ele fica pra lá e pra cá nadando debaixo da árvore, só esperando o socoró cair: agarra a fruta no ar. Mas, no geral, peixe gosta mesmo é de peixe, os pequeninos que se cuidem. Tem peixe que come até os filhotes. O baiacu tem veneno. O poraquê tem corrente elétrica pelo corpo que vibra: a onça, lá na sabedoria dela, quando vai atravessar o lago, primeiro enfia a pata na água. Se tem poraquê ali por perto ela sente logo.

Os peixes

São poucos os nossos peixes que têm pulmão, a maioria respira o próprio oxigênio contido na água, através das brânquias. Pouquíssimos os que fazem amor, quase todos são ovíparos: a fêmea desova, o macho vem e deita por cima o sêmen e fecunda os ovos.

A piranha

Quem me sabe morando na floresta amazônica, a primeira coisa que me pergunta é se não tenho medo de piranha, se piranha não ataca a gente. Respondo, sem faltar a verdade, que gosto muito de piranha na brasa e tanta vez já nadei em água de piranha.

Mas o caboclo está cansado de saber que, em tempo de piracema para a desova, ela não gosta de que a gente se intrometa no caminho dela e dá umas mordidas, de leve: mas uma só, na qual se esbarra nadando. Principalmente sabe que cheiro de sangue atrai cardumes das bichinhas: animal ferido corre não o risco, mas a sina de ser devorado a dentadas por centenas de piranhas. Daí a expressão *boi de piranha*: quando o rebanho vai atravessar o igarapé a nado, o dono sangra um boi, que é lançado na água antes de todos. As piranhas, endoidecidas pelo sangue, tomam conta do pobre, enquanto o restante do gado atravessa sem perigo.

A pesca

No convívio do homem com a água, o seu trabalho fundamental é a pesca, que garante a sobrevivência de todas as populações ribeirinhas. Ai desta minha gente, se não fosse a generosidade do rio. De menino, o caboclo se inicia nos segredos da pesca, que tem muito de ciência, mas também muito de intuição. E sobretudo o instinto, às vezes parece arte de magia. O pescador sabe quando o cardume de jaraqui está subindo o rio. Como é que ele sabe? Nem ele próprio sabe dizer direito como é que ele sabe. Diz o meu velho Magá:

— Eu acho que eles já vêm é avisando pra gente que eles estão vindo. O bom pescador sente até no cheiro do vento.

O Lauro da Luzia, que pesca de zagaia e de poronga, sabe quando o tucunaré solitário está comendo o talo do capim canarana. No silêncio do igarapé, ele sabe ouvir o ar se agitando entre as guelras do pirarucu, peixe de fôlego largo. O capim-arroz, o perimembeca, amanhece de lâmina mordida, o pescador logo fica sabendo que o peixe--boi andou comendo por ali, de madrugada.

Não me canso de contar, para quem sabe ouvir acreditando, o que aconteceu num entardecer de

Os peixes

Cachinauá, lindo lugar do seu Josias e de dona Cecília, no Paraná da Eva. Eu chegara ali na noitinha da véspera, a criançada lá no alto barranco da vazante. "Chegaram bem na hora da janta", foi logo dizendo a meiga dona Cecília, que logo trazia dois curimatãs gordos assados na brasa, que comemos com farinha-d'água e pimenta murupi. Perguntei pelos peixes da temporada e deixei escapar que o meu predileto era o pacu. "Não está de ocasião", respondeu o Antônio, filho maior do casal, o mesmo que me levou para ouvir o uirapuru.

Vou encurtar a história. Naquele fim de tarde, estávamos sentados na varanda de terra batida defronte o rio, o Jari falando de uma pedra que havia ali perto, pedra grande, antiga, com uma cara de coruja gravada nela. De repente o Antônio quebra a fala, levanta-se ligeiro e anuncia, sem alarde algum, bem sereno e natural: — Espera aí que eu vou puxar agora mesmo, aí para o Amadeu, uns peixes dos que ele disse que gosta. Eles estão passando agorinha no igarapé aí do lado.

Não demorou um tempinho, o bom Antônio estava de volta com uma cambada de cinco pacus de cabeça prateada, trabalho de tarrafa.

Impossível não perguntar ao caboclo como ele soube que os pacus estavam passando. "Eu senti", foi toda a sua explicação.

Os nobres

Quem prefere peixe de pele põe em primeiro lugar o peixe-boi. Pelo sabor, que varia segundo a parte do corpo enorme e luzidio. Da cabeça descendo para o lombo, sabe a carne de vaca; da metade para a cauda, tem gosto de peixe. Mas não é só pela carne saborosa, é preciso pela quantidade: um peixe-boi dos maiores dá comida para um bando de gente. Sem falar na gordura, derretida ao fogo, que enche latas e latas de banha cheirosa, chamada pelos caboclos de *mixira*, especial para fritar tudo quanto é peixe.

Pena que o peixe-boi esteja incluído, já faz tempo, no rol dos animais da floresta ameaçados de extinção. O Instituto Nacional de Pesquisas da Amazônia (INPA) vem fazendo o que pode para que esse fascinante ser aquático, cujo parente genético mais próximo é o elefante, tenha vida larga. O Ibama, ai do Ibama, não tem como mandar fiscais para os inumeráveis lagos e paranás onde o peixe mora.

Tento convencer os pescadores meus conhecidos de que o peixe-boi está para se acabar. Mas eles acham graça. Um dia desses o Coracy, mestre na arte da pesca, me respondeu meio rindo:

— Está é nada! Ainda na semana passada eu matei dois.

Amazonas

Carne de primeira, levemente rosada, é a do surubim, peixe de pele que faz a festa na família ribeirinha. Bom se cozido em panela de barro, melhor se assado ao forno com muito cheiro-verde. Bonito aos olhos, com as suas manchas negras sinuosas sobre a pele cinzenta e brilhante. Mulher parida não come surubim. Nem surubim nem sulamba. Dizem que o resguardo desanda, a mulher fica mofina.

Peixe de pele de muito respeito é o piraíba, do qual muito ouço desde menino. Peixe avantajado, gosta de águas fundas, é de índole malina. O Amazonas exporta para o Pará suas bandas salmouras, que nunca provei.

A piraíba é de lenda,
mas lenda que come gente.
Do que piraíba gosta
é de ficar de bubuia
no meio morno do rio
só para olhar as estrelas.
Não as estrelas do céu,
mas as que brilham serenas
refletidas nas funduras
incalculáveis das águas.

Além de estrela e de baile,
piraíba gosta mesmo
é de beber arco-íris.

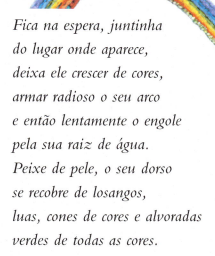

Fica na espera, juntinha
do lugar onde aparece,
deixa ele crescer de cores,
armar radioso o seu arco
e então lentamente o engole
pela sua raiz de água.
Peixe de pele, o seu dorso
se recobre de losangos,
luas, cones de cores e alvoradas
verdes de todas as cores.

Os nobres de escama

pirarucu, tambaqui e tucunaré são peixes de escama da preferência da Amazônia. Com eles se preparam os pratos mais saborosos de nossa cultura culinária. (Tirante a tartaruga, que é iguaria de banquete: de uma tartaruga das médias, a boa cozinheira chega a preparar coisa de dez pratos diferentes.)

O pirarucu, dos três, é o que alcança maior tamanho. Pode chegar a treze metros, no geral é agarrado entre um e dois. Suas escamas são rijas e graúdas. Não há melhor lixa de unha que escama de pirarucu. Come-se fresco ou salgado, tal e qual o bacalhau. Fresquinho, é glória da cultura popular da floresta. O pirarucu seco, desfiado (depois de deixá-lo dormir no alguidar cheio d'água), com cebolas douradas e alfavaca, é um primor.

Os peixes

Costela de tambaqui ao forno, ou mesmo frita, faz a delícia de quem sabe o que é bom na vida. Há quem prefira, porém, o pedaço do lombo, posto que espinhento: a carne é mais suculenta. O tucunaré, dos nossos peixes, é o único (principalmente a fêmea) que tem luas, negras e douradas, espalhadas pelo corpo, como no poema de Jorge de Lima. Tucunaré é prato para caldeirada; a carne alva e consistente fica branda na fervura em fogo lento.

O homem do interior, o ribeirinho, gosta de comer peixe é ali mesmo na beira da praia. Assado na brasa, vai para a pá do remo, onde já o esperam três montinhos: o do sal, o da farinha-d'água graúda e o da pimenta murupi (a única pimenta que tem, com grande caráter, as três virtudes: ela queima, tem sabor e é intensamente perfumada).

Um lugar para os pequenos

São milhares de espécies, cada qual com suas prendas, de forma, de cores e de gosto. Pois cada qual com seu gosto, que nunca se discute. Se tu me pedes três peixes pequenos do Amazonas, desses que tu comes um, ou até mais de um, inteirinho, eu escolheria o acará-bandeira, o pacu e o jaraqui, fritos na banha, de preferência assados na brasa (que o curimatã me perdoe, que não se zangue o aracu, que desde ginasiano eu os comia, fresquinhos, depois de pescá-los na beira do Caxabgé com meu bom companheiro Armando Menezes).

A propósito, quando o leitor for a Manaus, não pode deixar de ir ao restaurante Galo Carijó, no fim da rua dos Andradas, esquina com a Pedro Botelho, para comer o melhor jaraqui frito na cidade. Estou fazendo propaganda do pequeno e modesto restaurante? Claro que estou. Mas não é porque o dono dele seja o Alfredinho, meu companheiro de infância e excelente empinador de papagaio. Recomendo de consciência segura: não sei de outro jaraqui mais gostoso.

O boto

Do boto que se encanta só conto porque é verdade. Do boto que vira rapaz só para dançar com moça bonita. Eu nunca tive a maravilha de ver. Mas sei de muita gente boa, aqui na floresta, que me garante que viu. A começar pela minha mãe, Dona Maria, santa criatura, que nunca teve precisão de mentir nem é mulher dada a invenções com palavras. O boto vira gente. Estou falando do boto-preto, o chamado tucuxi. O avermelhado, que o sábio Jacques Cousteau chamou de rosado, com boca de quem anuncia espécie nova, não canta nem encanta ninguém.

Os peixes

Pelo contrário, é meio malino. De serventia, só a banha dele derretida, o santo remédio para fechar a ferida de gente e de bicho também. O preto, que gosta de andar com a mulher do lado, é bom de índole: empurra para a beira do rio criança que cai no perau profundo.

O fato que se conta é que a festa vai ser melhor, com flauta, rabeca e violão, quando aparece no salão um rapaz moreno esbanjando simpatia, todo de branco e chapéu de palhinha, e tira a cabocla mais bonita para dançar. Só escolhe mulher solteira e fica de par constante a noite inteira, dançando como um senhor pé de valsa e sempre com o maior respeito. Só que dança sem tirar o chapéu, para que não pulem peixinhos de um buraco que ele tem no alto da cabeça.

Assim que surge a primeira claridade da manhã, o rapaz sai correndo e se atira na água, com roupa e tudo, lá do alto do barranco. A dona Davina do Andirá me diz que, durante o salto, ele já vai voltando a ser boto.

Quem fica morta de pena é a moça dançarina, que cai numa tristeza de dar dó. Só sai de casa de noite, dizem que é para se encontrar com o boto na beira do rio. Dizem, não. Quem me disse, porque conheceu de perto certa moça encantada pelo boto, foi a minha querida dona Francisca dos Santos, por sinal cabocla de famosa beleza, e me garante que nunca deu confiança para boto. Dou fé no que ela conta: viu, mais de uma vez, um rapaz de branco que não era do lugar saindo das sombras da casa da cabocla, numa curva afastada do igarapé do Pucu.

O que não posso confirmar, mas também não posso desmentir, é que o boto costuma emprenhar as donzelas que vão lavar roupa no cedro da beira do rio. Para afugentar o calor, a moça dá um mergulho, e, quando sobe, vem com o vestido ensopado, pregadinho nas doces morenices dela. O boto, que estava ali na ronda, como quem não quer mas querendo, encanta a moça do jeito que ele sabe.

Isso contam como se conta uma lenda. E se é lenda, conta comigo. Porque o próprio da lenda é a verdade, como próprio do amor é que não se acabe.

Aqui estão muitas moças do meu rio, que não me deixam mentir. Quando, solteirinhas da silva, aparecem de barriga empinando, esclarecem em casa, com a cara mais limpa deste mundo:

— Foi o boto.

Os verdes

Venho dizendo, desde o começo, que o Amazonas é a Pátria da água. E é mesmo. Mas também posso dizer, com a minha alma amazônica, cujo poder impregna, em infinitas tonalidades, todos os componentes deste universo que nunca cessa de nascer: o verde está em todas as coisas, em tudo ele transparece. Inclusive na água mais negra. Na água barrenta, dourada de sol — e esverdeada. Transparece até no céu azul profundamente verde.

As árvores

É árvore que não acaba mais. Não dá nem para contar, como se contam e numeram as árvores da Floresta Negra, na Alemanha. Os nossos queridos botânicos (ciência pede paciência) calculam que a nossa floresta tem mais de duas mil espécies de árvores. Sem contar as outras plantas, que passam de cinco mil. O verde deste pedaço do mundo não nasce só das árvores. Algumas delas passando dos cinquenta metros, como a castanheira e a sumaumeira. O verde se expande dos arbustos, nem dá para contar, dos inumeráveis capins que o gado come, a linda canarana. Mas é preciso dar o devido valor aos verdes das plantas aquáticas; eu vou falar logo é do mureru, de folhas em forma de coração, das quais (mas sempre com o sol de manhã) se ergue um pendão de flores lilases que contemplo humilde perante o poder de milagre que a natureza tem. Como não contar, leitor, que um dia chegarás ao meu rio, o sortilégio da vitória-régia?

Os verdes

A vitória-régia

Ela é a planta aquática que se tornou uma espécie de logotipo amazônico. Aparece em tudo que é folheto de turismo como se fosse flor. Pois não é. A vitória-régia é planta. E planta de uma folha só. Mas planta que dá flor. De sua raiz, fincada no fundo do lago, sobe um cipó grosso, retorcido, que, ao chegar à superfície da água, vai formando uma folha, que cresce, que cresce, cada vez mais e sempre redonda, chega a ter um metro de diâmetro. Redondinha que dá gosto, cheia de nervuras, parece uma grande bandeja verde, de bordas reviradas.

Vi, num verão de cheia desconforme, no laguinho em frente ao lugar da Neném Cabral, amiga de minha mãe, uma vitória-régia que acabava de dar flor. Já nasce grande, arredondada como um repolho, só que lilás. Nasce da folha, não tem haste. A face interior da folha, que repousa na água, é escurecida e espinhenta. Embaixo dela o jacaré cochila. A jaçanã fica pulando em cima dela, feliz da vida. Quando o rio seca, a flor vira fruto. O tambaqui, que não é bobo nem nada, vem e come.

A madeira

Eu só vou louvar algumas da minha predileção. Ou do meu respeito. E vou dizendo logo o nome da itaúba preta, a preferida de quem gosta do que é bom e que nunca se acaba. Para esteio, assoalho, cumeeira, fundo de barco, casco de canoa, arpão (tem pescador de zagaia que prefere arpão de maçaranduba, por mais pesado), perna-manca de telhado, tacaniça, viga de sustentação — a itaúba é pau para toda obra. Mas desde que seja a parte do âmago. Não tem água, nem terra, nem cupim que dê com ela. Já a carne branca, a parte logo abaixo da casca, mestre carpinteiro que se preza não lida com ela.

Vou dar os nomes de algumas árvores nossas, que dão madeira de primeiríssima ordem. São tão lindos os seus nomes, originários quase todos do tupi indígena, que até merecem versos decassílabos:

Maçaranduba, mogno, mungubeira,
sucupira, pau-d'arco, preciosa,
sumaumeira, açacu, jacarandá,
acariquara, louro, cumaru.
Do cedreiro altaneiro não me esqueço,
sobretudo do roxo, tão esquivo.
Nem do lenho-mulato, pau de trava,
muito menos da linda lombrigueira.

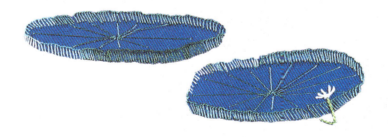

Os verdes

Você pode achar o nome dela meio sem graça: lombrigueira. Mas vou lhe contar que é uma das árvores mais lindas da floresta. Solenemente esgalhada, de fronte avantajada, chega a ser majestosa. Só não digo que é a mais bonita mesmo, porque em matéria de beleza ninguém ganha aqui na mata das palmeiras, do açaí e da bacaba. Esguias, altas, sensuais. Palmeira não é bem árvore, é encantamento puro. Basta vê-la dançando com o vento de tardinha, como ela se curva toda. O vento que conte o resto das virtudes da palmeira.

Madeireiro sábio não abate suas árvores (porque dela precisa para o seu barco, a sua casa) em noite de lua cheia. Ela cai rachada de alto a baixo por um "caminho de vento". Já ouvi muita história de árvore que conversa, que prediz, que sofre. De uma castanheira, caiu um ouriço na cabeça de uma menina, que morreu na horinha. Pois a árvore, esbelta e verdona, no mesmo dia começou a murchar, foi murchando, acabou puros galhos secos. De tristeza, de mágoa.

A sumaumeira

A sumaumeira é famosa pela imponência e pelas raízes aéreas, que saem do tronco a quatro, cinco metros do chão, formando a sapopema, com até oito metros de roda: vários compartimentos triangulares, onde se abrigam animais. Quando um caçador se perde na mata, bate com um pau na quina da sapopema, o som ressoa, vibrando o silêncio da selva, o aviso vai chegar lá longe.

O que pouca gente sabe é que, na chegada do verão, as nozes da sumaumeira espocam e delas sai uma paina macia, levíssima, que o vento espalha pelo campo geral. O caboclo as recolhe em quantidade que dê para o seu travesseiro de rede. Tenho um desses e posso garantir que paina de sumaumeira ganha longe da pluma de ganso.

As santas virtudes

Ontem de manhãzinha atravessei o Andirá com um amigo de muitas águas, o Amadeu Nogueira. A viagem mal deu para cantar as virtudes, santas virtudes, de duas árvores nossas: a andirobeira e a copaíbeira. Lindas e altaneiras, dão madeira da melhor. Mas o principal delas é um óleo de rico valor medicinal. O óleo da primeira é a andiroba, que se extrai da polpa do fruto exposta ao sol. O da *copaíba* se extrai furando o próprio tronco, que às vezes fica que nem barriga de mulher prenha, de tanto óleo. O homem chega e é só fazer um furinho: é óleo para muita garrafa. Ou por outra: para muita doença. São abençoadas essas árvores.

Os verdes

A copaíba é poderoso anti-inflamatório, acaba com panariço, furúnculo: uma colherada em jejum alivia a queimação da úlcera.

A andiroba também desinflama, mas cura, melhor se morna, reumatismo de junta, bronquite e desmentidura de osso. É especial para mão desmentida. Mão nasce para ser boa. Se magoada, mente. A andiroba cura a mentira da mão.

— Amadeu, pergunto ao meu amigo, quais as árvores principais aqui do Amazonas?

— Eu digo que duas. A itaúba para construção. A copaíba para agradar a saúde.

Não me constranjo em avisar (quem avisa amigo é) que muita enfermidade cruel (estou falando de câncer e até da AIDS) não há de demorar muito e uma plantinha, uma raiz, um musgo, um âmago de arbusto vai revelar a substância que vai dar conta dessas chamadas doenças incuráveis. Como o princípio químico do jaborandi, arbustozinho da terra dos índios Caiapó. Com ele, um laboratório multinacional está chegando à cura do glaucoma.

Aqui dou, gesto de amor, virtudes que não têm preço, de tão milagrosas que são:

- A *saracura-mirá*, cipó que se enrola nas árvores, equilibra a pressão arterial, fortalece as coronárias. É ralar e tomar dissolvida na água. Minha mãe garante que reumatismo não se dá com a *mirá*.

- *Mucura-caá*, plantinha pequenina. O chá das folhas dela acaba com a dor nas costas. Além de afastar o mau-olhado, se botar as folhas na água de banho.

- O *guaraná* todo mundo sabe que é poderoso energético. Descoberto e cultivado até hoje pelos índios Maués, o guaraná anda muito cobiçado pelo pessoal lá das bandas do Sul, pensando que ele é afrodisíaco. Para os índios, o mirantã, ou pau-ferro, é que dá *yep*, quer dizer, potência sexual. Esses índios sabem o que dizem, os antigos sabiam muito mais. Pintavam-se com sumo de jenipapo e urucum para espantar a Mãe da Doença.

- A *sacaca*. Querida sacaca, que tomo todos os dias o chá de suas folhas fervidas. Tomo eu, e toma o meu querido Didi, negro lindo de inteligência, de coração e de pé, que melhora de amizade e piora de coluna. Para curar suas dores, mando-lhe umas boas folhas de sacaca.

Amazonas

- Contra a lombriga, a ameba, a giárdia, não tem conversa: é chá das folhas da lombrigueira.

- Para acalmar os nervos, nada melhor do que um chá de folhas de lima com folhas de graviola.

- O *cajiru*, planta masculina, fervida no leite, revigora no sangue.

- O chá de casca da *azeitona doce*, bem adormecida no sereno, para com qualquer diarreia.

- A infusão da casca da *carapanaúba* é especial para restaurar a célula hepática. Mulher parida se resguarda com ela. Uma cabocla bem vivida de Matupiri, cabeceira alta do Andirá, me garantiu que a carapanaúba faz abortar.

Para o leitor da região amazônica, dou a receita do xarope (que não falta aqui em casa, para repartir com as crianças) que prepara a minha velha amiga Francisca. Bom para bronquite, tosse, asma, coqueluche, catarro de peito. Até *fraqueza de pulmão* esse xarope já curou.

Todos os ingredientes estão na floresta: casca de *sucuba*, casca de jutaí, casca de *mangueira grande*, casca e frutinha madura do *jucá*, folhas e ramos de *mastruço*, folhas de algodão roxo, dois tubérculos pequenos de *mangarataia*, folhas de *japana*, quatro dentes de alho, um limão cortadinho, com casca e tudo.

Preparação: deita-se tudo numa panela, melhor se de barro, com bastante água. Deixa-se ferver até que tudo comece a se desmanchar. As cascas não se desfazem, mas vão largando o sumo. Tira-se do fogo e deixa-se esfriar. Toma-se uma peneira e coa-se o caldo, esmigalhando os ingredientes com a mão. O caldo volta à panela, com mel de abelha, um pouquinho de açúcar e se mantém na fervura até chegar ao ponto de xarope. Torna-se a coar num pano bem fininho.

Banho de cheiro

Além de dar alegria ao corpo, desfaz qualquer quebranto. Dona Coló, da freguesia do Andirá (a sua filha Anginha também tem boa mão), esmigalha na bacia com água folhas de chama de cheiro, sândalo, manjericão, hortelã, pau-de-angola, girão, taperebazinho, priprioca e piaçoca. O bom é deixar o "banho" adormecer ao sereno. Deve ser derramado, com ternura, por todo o corpo. Conservar pelo maior tempo possível as folhas aderidas à pele e aos cabelos.

A casa do meu avô

O amor dos meus pais

Nasci na beira do Paraná do Ramos, cujas águas brilhantes contemplo neste instante do entardecer. Num lugar chamado Bom Socorro, na casa do meu avô. Como pretendo entrar um pouco pela alma dessa casa, melhor é que eu fale em verso.

Filho da floresta, a água e a madeira
vão na luz dos seus olhos
e explicam este jeito meu de amar as estrelas
e de carregar nos ombros a esperança.
Um lanho injusto, lama na madeira,
a água forte da infância chega e lava.
Me fiz gente no meio da madeira,
as achas encharcadas, lenha verde,
minha mãe reclamava da fumaça.
Na verdade abri os olhos vendo madeira,
o belo madeirame de itaúba
da casa do meu avô no Bom Socorro,
onde meu pai nasceu,
e eu também nasci.

Fui o último a ver a casa ainda erguida,
íntegros os esteios se inclinavam,
escorando cansados a cumeeira,
morada de morcegos e cupins.
Até que desabada pelas águas de muitas cheias,
a casa se afogou
num silêncio de limo, folhas e telhas.

Mas a casa só morreu definitivamente
quando ruíram os esteios da memória do meu pai,
neste verão dos seus noventa anos.
Durante mais de meio século
sem voltar ao lugar onde nasceu,
a casa permaneceu erguida em sua lembrança,
as janelas abertas para as manhãs
do Paraná do Ramos,
a escada de pau-d'arco
que ele continuava a descer na distância
para pisar o capim orvalhado,
ajudar a empurrar o tendal de secar o cacau
e depois caminhar correndo
pelo campo geral coberto de mungubeiras
até a beira florida do Lago Grande
onde as mãos adolescentes aprendiam
os segredos dos úberes das vacas.

Amazonas

Para onde ia, até para o outro lado do mar,
meu pai levava a casa
e levava a rede armada entre acariquaras,
onde, embalados pelas surdinas dos carapanãs,
ele e minha mãe se abraçavam cobertos por um céu
insuportavelmente estrelado.

Uma noite, nós dois sozinhos,
nós dois quase companheiros,
num silêncio hoje quase impossível
nos modernos frangalhos de Manaus,
meu pai me perguntou se eu me lembrava
de um barulho no mato, era um rumor,
um cântico encantado que ele ouviu
de manhãzinha clara, ele chegando
no Bom Socorro aceso na memória,
depois de muito remo e tantas águas.
Nada lhe respondi, nem precisava.
Ele já estava só. Fiquei ouvindo
meu pai avançar entre as mangueiras
na direção daquele baque, aquele
baque seco de ferro, aquele canto
de ferro na madeira — a tua mãe,
os cabelos no sol, era a Maria,
o machado brandindo e abrindo em achas
um pau mulato azul, duro de bronze
batida pelo vento, ela sozinha
no meio da floresta.

Todas essas coisas ressurgiam
fugazes, de repente lhe sumiam,
enquanto a casa ruína se fazia
no abandono voraz, capim-agulha,
e o antigo cacaual desenganado
dava seu fruto ao grito dos macacos
e aos papagaios pândegos de sol.

Enquanto minha vó Safira, solitária,
última habitante real da casa,
acordava de madrugada para esperar
uma canoa que não chegaria nunca mais.

Safira pedra das águas,
que me dava a bênção como
quem joga o anzol para puxar
um curimatã ovado,
sempre vestida de escuro,
a voz rouca disfarçando
uma ternura de estrelas
no amanhecer do Andirá.

Filho da floresta, água e madeira,
voltei para ajudar na construção
da morada futura. Raça de âmagos.
Um dia chegarão as proas claras
para os verdes livrar da servidão.

O verde resistirá

É uma pena, mas vou terminar com o único momento triste deste livro que escrevi com tanta alegria, o sentimento repartido entre o amor pela floresta e a beleza da arte das bordadeiras que vão dizer, com a sua linguagem colorida, muito mais do que eu digo com as minhas palavras comovidas. Chegou o momento de dizer que a floresta está sendo impiedosamente destruída, ela que sempre foi tão boa para o homem.

Setecentos mil quilômetros quadrados de floresta (área na qual cabem alguns países da Europa) já estão perdidos para sempre. Representam 10% do total do verde universo úmido.

Os incêndios criminosos continuam, ateados pelo desprezo, insensatez e cobiça. Chega gente de tudo quanto é parte do mundo para acender a morte. Chegaram até os madeireiros da Malásia. Acabaram com a própria floresta deles. Querem acabar com a nossa.

Melhor é ouvir a palavra de um sábio, que há mais de vinte anos se dedica ao estudo do ecossistema amazônico: Philip Fearnside.

— É perigoso afirmar que a floresta desaparecerá pelo que está acontecendo agora. Mas, a menos que as coisas mudem, a floresta um dia se extinguirá.

Ainda é tempo, digo eu, de salvar o tanto que resta da floresta. Os verdes resistirão.

A criação do mundo

Não, o livro não pode terminar com notícia feia. Vamos celebrar a beleza da literatura oral dos nossos índios, com uma lenda dos Sateré-Maué, do rio Andirá:

> **O primeiro mundo Deus levou para o céu. Os que ficaram, os 'encantados', sucuris, jiboias – resolveram fazer um mundo para eles.**
>
> **Então, fizeram o Mundo do corpo da própria irmã – Unhã-mangaru. Se ela ficasse com a face voltada para o céu, nunca eles morreriam. Como ficou com a face para a terra, ela nos está chamando sempre para a sua companhia.**
>
> **Ela disse aos irmãos:**
>
> *– Vocês me fizeram terra, está bem. Eu vos chamarei, pois, sempre para mim.*

Mãos que não se detêm

Ágeis, ligeiras, lépidas mãos em movimento ritmado. Entre os dedos reluz a agulha.

Entra aqui, sai ali; entra aqui, sai ali. Segue-lhe os passos o fio da meada em alegre e fraternal colóquio.

Traços, contornos, cores vão tomando forma. Vão ganhando vida. De tal modo e gosto que sugerem um conjunto de imagens indizíveis. São as bordadeiras em elaboração estética a partir dos desenhos criados pelo artista plástico Demóstenes Vargas Filho.

Tudo começou lá nas barrancas do São Francisco, na cidade de Pirapora, em torno da mãe Antônia Diniz Dumont. Isso faz com que os bordados tenham um sabor regional. Um sabor de frutas tropicais. Sabor que não se cristaliza em resíduos, mas se universaliza num constante reinventar.

O trabalho é de grupo. Em família. O irmão Demóstenes desenha e as irmãs Ângela, Marilu, Martha e Sávia bordam sob as vistas da bordadeira-*mater*, Antônia. O segredo está aí. Embora residindo em cidades diferentes e cada um com seu estilo, o trabalho não perde em unidade e harmonia. Parece que a coisa se dá sob uma mediunidade. O que levou Mari'Stella Tristão, crítico de arte, a afirmar: — "O emocional, de grande força na obra, está contido não só no acerto do belo conteúdo plástico-visual, mas também e principalmente no fato de ser o trabalho realizado em família — mãe e filhos —, habitantes do mesmo 'universo mítico', puxando os fios da meada".

Agora os bordados ganham nova dimensão ao se incorporarem à coleção Dias bordados — Memórias de Brasil, da Editora Salamandra. Este primeiro volume é uma festa para os olhos. Uma festa para a sensibilidade e bom gosto do leitor. Juntaram-se os bordados desses irmãos em sangue e cultura e a poética linguagem de Thiago de Mello.

Estas mãos que bordam não se detêm nos limites do círculo do bastidor.

DOMINGOS DINIZ